Die schönsten Zitate

aus: Heilung aus der Mitte

Werde der, der du bist

Anne Devillard

Die schönsten Zitate

aus:

HEILUNG AUS DER MITTE
Werde der, der du bist

DRIEDIGER

Anne Devillard. Die schönsten Zitate aus: Heilung aus der Mitte. Werde der, der du bist

1. Auflage 2009

Umschlaggestaltung: Freucom

Foto Titelseite: Caroline Martin

Druck: FINIDR s.r.o., Cesky Tesin, Tschechische Republik

ISBN: 978-3-932130-23-6

EINFÜHRUNG

„Wir sollten niemals versuchen,
dem Weg eines anderen zu folgen,
denn es ist sein Weg und nicht der unsrige.
Hast du erst deinen Weg gefunden, brauchst du nichts
weiter zu tun, als die Hände in den Schoß zu legen
und dich auf die Flutwelle zur Befreiung tragen zu lassen.
Hast du ihn gefunden,
so entferne dich niemals wieder von ihm.
Dein Weg ist der beste Weg für dich,
aber er ist nicht unbedingt der beste für andere.“
(Vivekananda)

Das Leben ist ein ständiger Prozess der Selbsterfahrung. In jedem Umstand liegt ein Schatz verborgen, den es zu erkennen gilt. Wenn wir mit dieser Einstellung an alles, was uns geschieht, herangehen, dann ist unser Leben unendlich reich. Denn wir erkennen, dass alle Erfahrungen, die wir machen,

alles, was wir tun und was uns begegnet, eine Widerspiegelung dessen ist, was wir sind, und der Entscheidungen, die wir treffen.
Je bewusster wir unser Leben gestalten, je authentischer wir sind, desto näher sind wir unserem inneren Kern. Unsere Seele strebt ständig nach vollkommener Führung und vollkommener Balance. Wenn der Spagat zwischen unserer Lebensführung und der Wahrheit unseres wahren Selbst zu groß wird, schickt uns das Leben ein Korrektiv, das zunächst weh tut – das aber immer in Richtung Besserung geht, auch wenn wir es im ersten Augenblick nicht erkennen. Diese Korrektur in Form von Prüfungen, wie Krankheiten, Trennungen oder Unfällen, ist also unsere größte Chance. Denn sie bietet uns die Möglichkeit, wieder im Einklang mit uns selbst zu sein und unseren wahren Platz im Leben einzunehmen.

Das Leben als Lehrmeister

Alles in uns tendiert dazu, dass wir uns weiterentwickeln. Der Impuls des Selbst sich zu entfalten ist größer als alles andere. Es ist die größte Kraft, die es gibt. Jeder von uns kommt an den Punkt in seinem Leben, an dem sich der Drang der Befreiung von blockierenden Aspekten seiner Vergangenheit nicht stoppen lässt. Das Leben schickt uns dann die Umstände und die Situationen, die am besten imstande sind, uns aus unseren erstarrten Verhaltensweisen heraus zu katapultieren. Keine andere Kraft als das Leben selbst ist imstande, uns in diesen Prozess der Selbsttransformation hineinzuwerfen. Alle Prüfungen, die wir meistern, bringen uns dem näher, wonach wir uns im tiefsten Inneren sehnen. Durch sie vollzieht sich also der Schleifprozess des Lebens, der uns empfänglicher macht für das, was wir in Wirklichkeit sind. Prüfungen sind wie Boten, die Verdecktes sichtbar machen. Sie helfen uns, alte Wege zu verlassen und neue zu betreten. Sie schaffen die Möglichkeit, Erstarrtes zu durchbrechen, damit wir den Lebensfluss wieder in uns spüren können. Dann sind wir imstande, das Leben in seiner Einfachheit und Schönheit zu genießen, in der Gewissheit, dass das Leben es gut mit uns meint. Denn es hat ja bis heute für uns gesorgt, auch in Krisenzeiten – in Form einer guten Freundin, die haargenau in der Sekunde da ist, wenn man sie braucht, eines Arztes, der im richtigen Augenblick den richtigen Satz sagt, der Stimme im Radio, die aus einem Buch liest, das zum nächsten entscheidenden Schritt rät. Wir sind von so viel Wohlwollen und Liebe umgeben – und merken es nicht.

Sein Leben neu ordnen

Alles ist in unserem Organismus auf Heilung ausgerichtet. In jedem von uns gibt es einen unbändigen Drang der Selbstheilung, eine unglaubliche Fähigkeit zur Selbstreparatur. Es gibt aber Faktoren, die diese Selbstheilung behindern. Einer der größten krankmachenden Faktoren ist lang anhaltender körperlicher, emotionaler und geistiger Stress. Durch Stress gerät der ganz spezifische Rhythmus unseres Lebens und damit das Ordnungsprinzip unseres Körpers aus dem Gleichgewicht. Eine erzwungene Pause bringt uns durch den damit verbundenen Rückzug und die Konzentration auf das Wesentliche wieder in unser Gleichgewicht und unseren ganz eigenen Rhythmus. Wenn wir also durch Krankheit bzw. eine Prüfung auf das Noch-Zu-Klärende hingewiesen werden und wir uns diesem auch ehrlich und authentisch stellen, bekommen wir Klarheit über die Zusammenhänge und ordnen unser Leben neu.

Den Kontakt zwischen sich und seiner inneren Führung wieder herstellen

Es gibt verschiedene Möglichkeiten der Selbstforschung und der Selbsterkenntnis. Für manche geschieht es über das Malen oder das Schreiben, für andere über den Tanz oder die Musik, wieder für andere über die Selbstreflexion durch Psychotherapie oder durch Meditation. Durch den Tanz wird die Lebensenergie, die sich in der Freude ausdrückt, wieder frei. Durch das Malen dringen wir tief in unsere Psyche hinein und kommen in Kontakt mit der Lebendigkeit in uns, die uns die Kreativität verleiht. Durch das Schreiben bekommen wir Zugang zu unserer inneren Stimme, die uns die Geschichte unseres Lebens diktiert. Wir werden zu unserer inneren Quelle der Weisheit geführt und der damit verbundenen unbeschreiblichen Freude. Durch Musik öffnen sich die inneren Räume, in denen wir mit unserem wahren Kern pulsieren. Durch Meditation stellen wir den Kontakt zu dem göttlichen Teil in uns her und bleiben im Dialog mit ihm. Gleichgültig welches Medium man benutzt, um sich und seine Seele zu erforschen – es geht um die Herstellung des Kontaktes zwischen sich und seiner inneren Führung, um das, was man ist, mit vollem Bewusstsein und in der vollen Präsenz zu leben.

Das Einzige, was wir tun müssen, ist zu erkennen, was wir in unserem tiefsten Inneren sind, und es dann nach außen zu bringen. Es geht nur darum, unserem Inneren Gehör zu verschaffen und dem, was uns da geflüstert wird, zu folgen. Keiner weiß besser als wir selbst, was uns gut tut und für uns stimmig ist. Jeder hat – entsprechend seiner ganz besonderen Persönlichkeit und seinen Anlagen – seine ihm ganz spezifische Art, diesen Weg zu gehen. Das Entscheidende ist das Bewusstsein, mit dem wir unseren Weg gehen – das tiefe innere Wissen, dass es kein willkürlicher Weg ist, sondern ein haargenau maßgeschneiderter. Deshalb gibt es – auch wenn die Lebensgesetze universell sind – nicht zwei Leben, die gleich sind. Es mag Ähnlichkeiten geben, aber genau so, wie jeder von uns einzigartig und besonders ist, ist das Leben, das wir führen, und die Lebensaufgaben, die wir erfüllen müssen, einmalig.

Sich dem Heilungsprozess hingeben

Wir sollten also Herausforderungen und schwierige Zeiten als großes Geschenk willkommen heißen, als herrliche Gelegenheiten, die es uns ermöglichen, immer mehr in unsere Kraft zu gehen. Jede Krise ist gleichzeitig Therapie, genauso wie jede Krankheit bereits ihre Heilung beinhaltet. Uns wird anhand von Lebensthemen bzw. Symptomen gezeigt, was wir in unserem Leben zu ändern haben, um wieder „heil", das heißt „ganz" zu werden. Unser Bewusstsein entwickelt sich entsprechend der Ehrlichkeit, mit welcher wir die Symptome, das heißt das, was sich nach außen manifestiert, entschlüsseln. Richtige Heilung tritt in dem Augenblick ein, in dem wir nicht mehr Widerstand gegen das, was passiert, leisten, sondern uns auf den stattfindenden Prozess mit Vertrauen und Hingabe einlassen. So kreiert man ein Gefäß, das die ganze Fülle dessen, was kommen mag, aufnehmen kann. Je größer das Gefäß ist, je empfänglicher wir uns machen, desto reichhaltiger wird das, was wir bekommen werden. Wenn Angst, Hoffnungslosigkeit, Zweifel eine Art Dekkel auf unserem Gefäß bilden, können wir nichts in Empfang nehmen. Wenn wir aber Negativität durch innere Ruhe, Vertrauen und Hingabe eintauschen, dann werden wir die Fülle des Lebens erhalten.

Wir sind mehr als das, was wir zu sein glauben

In dem Augenblick, in dem wir den Mut haben, uns dem, was uns am weiteren Wachstum hindert, zu stellen, kommen wir in unsere wahre Größe und merken, dass wir viel mehr sind, als das, was wir zu sein glauben. Wir merken, dass die Reise unseres Lebens einem Individuationsprozess entspricht, der uns zu einem immer feineren Selbstausdruck führt. Gleichzeitig sind wir nicht isoliert, sondern in ständiger Interaktion mit unserer Umgebung und der Gesellschaft, in der wir leben und die wir gestalten. In dem Maße, wie wir uns für unser Leben verantwortlich fühlen, wächst das Bedürfnis, sich in den Dienst von anderen Menschen zu stellen und sich sozial zu engagieren. Mehr noch: Uns wird bewusst, dass wir integraler Bestandteil des Evolutionsprozesses sind, in dem sich die ganze Welt befindet. Aber die Transzendierung unserer Grenzen katapultiert uns nicht noch höher hinaus, nach weit draußen, sondern führt uns ins Hier und Jetzt, in die unmittelbare Präsenz des Augenblicks, dorthin, wo wir dieses unser Leben mit voller Liebe umarmen können. Wirklich der zu sein, der man ist, ist die einfachste Sache der Welt und gleichzeitig die größte Herausforderung, die es gibt – eine Herausforderung, die bereits mit unserer Geburt angefangen hat. Schon die ganze Zeit sind wir auf diesem unseren Weg. Die Frage ist nur: „Gehe ich ihn bewusst oder unbewusst, als Ursache meiner Erfahrung oder als ihre Auswirkung?"

Sich für das Stimmigste entscheiden

Wenn man noch tief in einer Krise steckt, ist es schwer zu erkennen, dass – egal, was geschieht – es immer zu unserem Besten ist. Rückblickend merkt man dann, dass alles, was nicht zu unserem Wohl beigetragen hat, sich nicht weiterentwickelt hat, dass es im Endeffekt eine höhere Instanz in uns gibt, die zielgerichtet alle Dinge ausmistet, die uns nicht förderlich sind. Es geht darum, eine neue Entscheidung für unser Leben zu treffen: die Entscheidung für alles, was für uns stimmig ist. Alle Ereignisse in unserem Leben geben uns die Gelegenheit, uns für das Höchste und Stimmigste für uns zu entscheiden. Deshalb ist es wichtig, sehr wachsam zu sein, und bei jeder Entscheidung zu prüfen: „Ist sie jetzt richtig? Geht es in die richtige Richtung?" Alles ist schließlich eine Frage der richtigen Wahl.

Sich erinnern an das, was wir bereits sind

Die Einzigartigkeit seiner Persönlichkeit, seinen wahren Kern zu erkennen und dort zentriert zu bleiben – das ist die Aufgabe unseres Lebens. Und wir sind nicht allein, um diese Aufgabe zu bewältigen, denn unsere innere Führung steht uns ununterbrochen zur Seite und flüstert uns unentwegt zu, was zu tun ist. Es geschieht nichts, was nicht dem eigenen Wohl dient – vorausgesetzt wir bleiben mit ihr im Dialog.
Wir sind am Werden, am ständigen Werden dessen, was wir unserem Wunsch nach sein wollen. Und gleichzeitig ist unser Leben ein Prozess des Sich-Erinnerns an den, der wir von Anbeginn bereits sind. Es gibt nichts zu tun, nirgendwohin zu gehen, es gibt nur zu erkennen, dass wir schon da sind.

„Darum geht es: Zu erkennen,
wer man wirklich ist
und was man braucht, um die ganze
Einzigartigkeit seiner Persönlichkeit
am besten auszudrücken.“

Anne Devillard

„Nicht nur Leid und Schmerz
haben eine transformatorische Wirkung,
sondern auch die Ekstase,
das Erfahren des Körperlichen.“

Maria-Gabriele Wosien

„Der Weg zu Gott
beginnt meistens mit einer Krise,
aus einer Reibung heraus."

Maria-Gabriele Wosien

„Das Bewusstsein der Menschen
liegt von Anbeginn
in der Heil- und Transformationskraft
der Musik."

Gerhard K. Tucek

„Wir werden
zu unserer inneren
Quelle der Weisheit geführt
und der damit verbundenen
unbeschreiblichen Freude“.

Anne Devillard

„Der Punkt Zero ist der Raum,
wo alles möglich ist,
die Quelle, aus der
reine Kreativität entspringt."

Michèle Cassou

„Der kreative Prozess
ist eine Reise
in seinem Herz und in seiner Seele,
eine Reise in einem Land
voller Wunder und Hindernisse.“

Michèle Cassou

„Man muss im Grunde genommen
nur hinhören,
Schreiben ist sehr viel hinhören."

Liane Dirks

„Grundsätzlich ist jeder von uns
hoch kreativ,
und je spiritueller wir werden,
desto mehr entdecken wir
die Schöpferkraft in uns.“

Liane Dirks

„Spaß ist das Größte,
das Beste, das Schönste,
was man einem kranken Menschen
schenken kann.“

Kirsten Kuhnert

„Wir sollten uns täglich
als Lernende begreifen.
Dann können wir auch
richtig glücklich
werden.“

Kirsten Kuhnert

„Die Vision
gibt uns die Kraft,
uns auf den Weg zu machen
und weiter zu schreiten –
trotz der vielen Hindernisse,
die auftauchen.“

Berhnard Fricke

„Den göttlichen Kern in uns
zu entdecken
und uns nicht von allem, was uns umgibt,
entmutigen zu lassen,
ist unsere eigentliche Lebensaufgabe.“

Berhnard Fricke

„Alt und Jung
müssen zusammenhalten,
da die Großfamilie, wie es sie früher gab,
nicht mehr existiert.“

Ruth Eder

„Alte Menschen vermitteln
den Jugendlichen eine Lebenserfahrung,
die ihnen eine neue Sicht
der Dinge ermöglicht.“

Ruth Eder

„Wenn wir unsere Aufmerksamkeit
auf Gesundheit konzentrieren
und auf alles Schöne,
dann verändern sich unser Verhalten
und unser Körper in diese Richtung.“

Serge King

„Es gibt keine Heilung außer der,
die vom Patienten kommt."

Serge King

„Wenn die Energie wieder in Fluss ist,
fängt der Körper an,
wieder zu funktionieren,
und Heilung kann geschehen.“

Serge King

„Liebe
ist die größte Heilungskraft.
Denn Liebe ist nichts anderes,
als eine gute Beziehung
zu allem zu haben.“

Serge King

„Selbstheilung
ist eine der vielen Fähigkeiten,
mit denen wir geboren werden.“

Clemens Kuby

„Es ist allein unsere Verantwortung,
von welcher Qualität
unsere Gedanken sind.“

Clemens Kuby

„Indem wir unseren Auftrag erkennen,
also „Was will mich?“ – anstatt
„Was will ich?“ –
nähern wir uns dem, der wir immer waren.“

Wolf Büntig

„Der größte Stress entsteht,
wenn wir an uns vorbei leben und
unser Leben unerfüllt bleibt."

Wolf Büntig

„Da bei einer Krankheit
der Körper für das innere Geschehen
zur Bühne wird,
kann der Schlüssel für eine echte Heilung
einzig darin liegen,
die Be-Deutung der Krankheit zu erfassen."

Ruediger Dahlke

„Ein Feld
ansteckender Gesundheit aufzubauen,
schafft man, indem man Patienten
ins rechte Licht setzt,
damit ihr Licht innerlich aufgeht.“

Ruediger Dahlke

„Der wesentliche Punkt
bei allen Erkrankungen ist,
dass sie im energetischen Bereich beginnen
und sich dann in der Manifestation
des Körpers zeigen.“

Anne Schadde

„Nicht jede Energie trifft jeden.
Das hat mit dem
Resonanz-Prinzip zu tun."

Anne Schadde

„Wenn wir lange genug
beim Patienten bleiben,
dann kommt er
an den Punkt seines inneren Liedes.“

Anne Schadde

„Krankheit
ist die Möglichkeit,
etwas zu integrieren,
das aus der Balance geraten ist.“

Anne Schadde

„Alle Probleme und Hindernisse
sind im Grunde
eine Widerspiegelung der Angst
vor der endgültigen Konsequenz,
diesen Einen Weg zu gehen."

Stèphano Sabetti

„Genau wie ein Problem bereits
die Lösung enthält,
beinhaltet Krankheit auch Heilung.“

Stèphano Sabetti

„Wichtig ist, dass ich Probleme nicht als Probleme betrachte, sondern als Angebote des Lebens an mich.“

Hans Stöberl

„Prinzipiell werden wir immer
geführt und begleitet.
Das Schönste ist,
überhaupt zu erkennen,
dass wir nicht allein
auf unserem Weg sind.“

Hans Stöberl

„Unser größtes Hindernis ist die Angst.
Wir sollten uns bewusst machen,
dass die Angst
keine Realität ist.“

Hans Stöberl

„Je weiter
das Bewusstsein wird,
desto mehr spüren wir von der Fülle,
dass alles da ist für uns."

Hans Stöberl

„Die Inder sagen,
der Klang des Kosmos wäre Lachen.
Deshalb sagen sie auch,
wenn wir lachen,
sprechen wir mit Gott
und Gott spricht mit uns."

Heiner Uber

„Wir unterschätzen alle
die Selbstheilungskapazität
unseres Körpers.
Sie ist ein großer breiter Strom,
gegen den wir
nicht anschwimmen können."

Heiner Uber

„Heilung ist immer
die Integration dessen,
wonach wir uns am meisten
sehnen."

Anne Devillard

„Alles, worauf es ankommt,
ist das tiefe Wissen:
Dies ist mein Weg."

Frédérick Leboyer

„Es braucht nicht viel:
eine sanfte Berührung,
ein offenes Gespräch,
ein aufmerksames Zuhören."

Dawn Nelson

„Es geht darum, präsent zu sein
und die Dinge so zu lassen,
wie sie sind,
ohne einzugreifen."

Dawn Nelson

„Es ist ein unglaubliches Geschenk,
Sterbende
bis zum letzten Atemzug
zu begleiten."

Ruth Eder

„Indem man sich dem Kummer
des Abschieds aussetzt
und hindurch geht,
anstatt ihn zu verdrängen,
lebt man sein Leben sehr viel bewusster.“

Ruth Eder

„Wir müssen daran arbeiten,
alles in unserem Leben zu ändern,
was nicht genau darstellt,
wie wir wirklich sind.“

Neale Donald Walsch

„Wir sind es,
die durch unsere Entscheidungen,
die Wahl, die wir treffen,
die Verantwortung, die wir übernehmen,
durch unsere Spiritualität,
die Weichen stellen.“

Neale Donald Walsch

„Eigentlich können alle menschlichen Handlungen auf zwei Emotionen reduziert werden: auf Angst oder Liebe."

Neale Donald Walsch

„Das Einzige,
was wir tun müssen, ist
zu erkennen, was wir
in unserem tiefsten Inneren sind,
und es nach außen zu bringen."

Anne Devillard

„Wenn wir frei sein wollen,
müssen wir bereit sein,
die volle Verantwortung für alles,
was wir tun, zu übernehmen.“

Andrew Cohen

„Eine unbändige Begeisterung
und Lebensfreude
kennzeichnen einen Menschen,
der sich von den Verstrickungen
des Persönlichen befreit hat."

Andrew Cohen

„Der Ruf der Evolution
verlangt
einen konstanten
Wandel."

Andrew Cohen

„Es geht darum,
eine neue Entscheidung
für unser Leben zu treffen:
die Entscheidung für alles,
was für uns am Stimmigsten ist."

Anne Devillard

„Anstatt zu fragen,
was richtig oder falsch ist,
sollten wir fragen:
'Welche Sicht erlaubt uns die Erkenntnis,
dass alle etwas Wichtiges beizutragen haben?'“

Ken Wilber

„Die innere Stimme
verleiht uns
im wahrsten Sinne des Wortes das,
was die Buddhisten
'unterscheidende Weisheit' nennen."

Ken Wilber

„Die meisten der gegenwärtigen
medizinischen Methoden
behandeln die Symptome,
deren Probleme ganz woanders liegen.“

Ken Wilber

„Die Theorie
der morphogenetischen Felder
stellt den Versuch dar,
die organisierende Seele
hinter den Dingen zu sehen."

Rupert Sheldrake

„Alle sich selbst organisierenden
Systeme
verfügen über die Möglichkeit
der Selbstheilung."

Rupert Sheldrake

„Es gibt in unserem Geist etwas,
das im voraus
auf erregende emotionale Impulse
reagiert,
die gleich kommen werden.“

Rupert Sheldrake

„Die Menschheitsgeschichte
oder allgemeiner
die Geschichte des Lebendigen ist
eine Heilungsgeschichte
des Sich-ewig-Wandelnden.“

Hans-Peter Dürr

„Heilung
ist ein ständiger Schöpfungsakt,
ist echte Kreativität.“

Hans-Peter Dürr

„In jedem Augenblick
steht die Möglichkeit offen,
die Welt
neu zu erschaffen – uns inbegriffen.“

Hans-Peter Dürr

„Wir müssen aussäen,
immer wieder aussäen,
auf Asphalt, auf Trümmern.
Irgendwo wird der Samen wachsen.“

Hans-Peter Dürr

„Wenn wir
die Grundprinzipien des Lebens
verstehen,
verschwindet dann
möglicherweise die Krankheit.“

Masaru Emoto

„Es ist für mich
tief beeindruckend zu sehen,
in welchem Ausmaß
Kristallbilder sich durch
unser Bewusstsein verändern können."

Masaru Emoto

„Wir Menschen haben uns
im Laufe unseres Lebens
selbst zu erkennen,
als „Gott-Mensch“ zu erkennen.“

Willigis Jäger

„Es gibt kein größeres
Heilmittel
als unser tiefstes Wesen."

Willigis Jäger

„Krisen sind
Wandlungsprozesse,
wenn wir für einen Wandel
bereit sind.“

Willigis Jäger

„Der Sinn unseres Lebens
ist,
unsere Geburt
zu vollenden."

Willigis Jäger

„Eine Krankheit ist immer ein Ruf,
die verlorene Ganzheit
wieder herzustellen
oder neue Ganzheit zu schaffen."

Christina Kessler

„Liebe ist
ein bedingungsloses „Ja“ zum Leben,
zur Welt und zu unserem
Mensch-Sein – mit all unseren
Schwächen und Unvollkommenheiten.“

Christina Kessler

„Es geht nicht darum, ein anderer
zu werden,
sondern der zu sein, der ich bin –
und dabei immer mehr
lieben zu lernen."

Christina Kessler

„Die Einzigartigkeit
seiner Persönlichkeit,
seinen wahren Kern zu erkennen
und dort zentriert zu bleiben - das ist
die Aufgabe unseres Lebens."

Anne Devillard

Emil Gerhard Fischer

Darüberstehen

Die sanfte Macht

207 Seiten, gebunden
978-3-932130-21-2

Ehrgeiz, Fleiß und Wissen allein reichen nicht mehr aus, um vorwärtszukommen und bestehende Grenzen zu überschreiten. Eine völlig neue Denk- und Bewusstseinsebene ist Voraussetzung dafür, völlig Neues zu schaffen. Dazu ist es notwendig, erst allen alten Ballast abzuwerfen und sich selber leerzumachen, damit Raum für Neues entsteht.

Dieses Buch zeigt, wie man

- gute und schnelle Entschlüsse fasst
- um 300 % die Leistung steigert
- die geistige Kapazität um das Zehnfache erhöht
- eine überdurchschnittliche Konzentrationssteigerung erhält
- mentale Kontrolle gewollter Eigenschaften einsetzt
- sich auf wichtige Lebensgesetze einstellt.

Das alles zusammen bedeutet souveränes Darüberstehen!